La Guerre Imaginaire

Ville 75, 2056.

Nicole Abihssira regarde l'écran de l'ordinateur de bord.

Heure: 01h57 27
Altitude: 3.000 m
Vélocité: 648 km/h
Rayon d'action: 486 km
Objectif: Fabrique Renault réf. 8462675483
Résultat: Déstruction totale. MISSION ACCOMPLIE.
Mortalité: 0

Nicole sourit et vire direction sud. Dix minutes plus tard son MiG 111 atterrit à la base militaire à cinquante kilomètres de la fabrique. Mission accomplie. Elle sort la disquette de commande de l'ordinateur, descend de l'avion et va au bar. C'est sa trente-cinquième mission en treize semaines. Elle est une pilote excellente. La meilleure. Elle a soif.

Depuis trois ans le pays est en état de guerre avec un ennemi non identifié. Un ennemi puissant et résolu. Un ennemi qui aime la déstruction.

Au moins, c'est l'histoire officielle, le scénario représenté par le Gouvernement. La réalité est ... différente. On ne peut pas identifier l'ennemi parce que l'ennemi n'existe pas.

Oui, il y a des attaques, des bombardements aériens des zones industrielles et des systèmes de transport. Mais l'ennemi est imaginaire. Les bombardements aériens, les attaques de nuit, c'est le travail de l'Armée de l'Air Nationale.

Les missiles téléguidés sont absolument précis. La mortalité est zéro. On n'attaque jamais les zones résidentielles. Jamais.

Nicole comprend pourquoi la guerre imaginaire est nécéssaire. Dès le début de la guerre tout le monde a du travail. Dans les fabriques militaires, dans la réconstruction des industries, dans la production d'alimentation synthétique. Et dans la police secrète.

La guerre est un mensonge mais ce n'est pas important. Il n'y a plus de criminalité. Il n'y a plus de grèves. Et le Président de la République est très populaire.

Au bar Nicole demande une bière et s'assied en face de Paul Varchavski, un pilote et un copain.

"Mission accomplie?" demande Varchavski.

"Déstruction totale. Mortalité zéro."

La bière arrive.

"La bière est dégueulasse," dit Varchavski.

"C'est la guerre," répond Nicole. "On n'est pas en vacances."

"Ben, oui," dit Varchavski.

Il commande une bière aussi.

"Qu'est-ce que tu penses des rumeurs?" demande Varchavski.

"De quelles rumeurs? Il y a toujours des rumeurs, quoi?"

"Nicole, tu sais bien. Les rumeurs que le Gouvernement a développé des androïdes superintelligents pour l'Armée. Tu crois que c'est possible? J'ai entendu dire que les androïdes ressemblent aux êtres humains comme deux gouttes d'eau.

"Tu regardes trop de science-fiction," dit Nicole.

"Écoute. Ils dorment. Ils rêvent même. Ils ne savent pas qu'ils ne sont pas des êtres humains ..."

"Carrément, Paul, la technologie n'existe pas. Voilà."

"Intéressant quand même ..."

"Tu penses?"

Deux nuits plus tard. La Zone Sud. Nicole regarde l'écran de son ordinateur de bord.

Heure: 03h46 04

Altitude: 2.067 m

Vélocité: 673 km/h

Rayon d'action: 372 km

Objectif: INTRODUISEZ DISQUETTE DE COMMANDE.
Elle introduit la disquette de commande dans l'ordinateur.

Heure: 03h47 46

Altitude: 2.065 m

Vélocité: 684 km/h

Rayon d'action: 364 km

Objectif: Hôpital St. Jerôme réf. 8368736580

"Non, non, non. Ce n'est pas possible. Un hôpital ... Ce n'est pas possible!"

Les missiles se lancent automatiquement.

“Qu’est-ce qui se passe? Ce n’est pas possible!”

Heure: 03h48 49

Altitude: 2.259 m

Vélocité: 689 km/h

Rayon d’action: 353 km

Objectif: Hôpital St. Jerôme réf. 83687336580

Résultat: Déstruction totale.

Mortalité: 3.973

Presque quatre mille morts. Nicole est stupéfaite. C’est un cauchemar. Quatre mille morts. Elle tourne le MiG vers la base.

Quatre heures vingt-cinq. Elle entre dans le bureau de son commandant sans frapper. Elle est furieuse.

"Qui a donné l'ordre d'attaquer un hôpital?" demande Nicole aggressivement. "Pourquoi se lancent les missiles automatiquement? Pourquoi?"

"On ne pose pas de questions," dit le commandant calmement. " Les ordres sont les ordres ... C'est la guerre, Abihssira."

"Ah oui, la guerre, la guerre imaginaire," dit Nicole toujours furieuse. " Je vais au bar." Elle se retourne et sort du bureau sans fermer la porte.

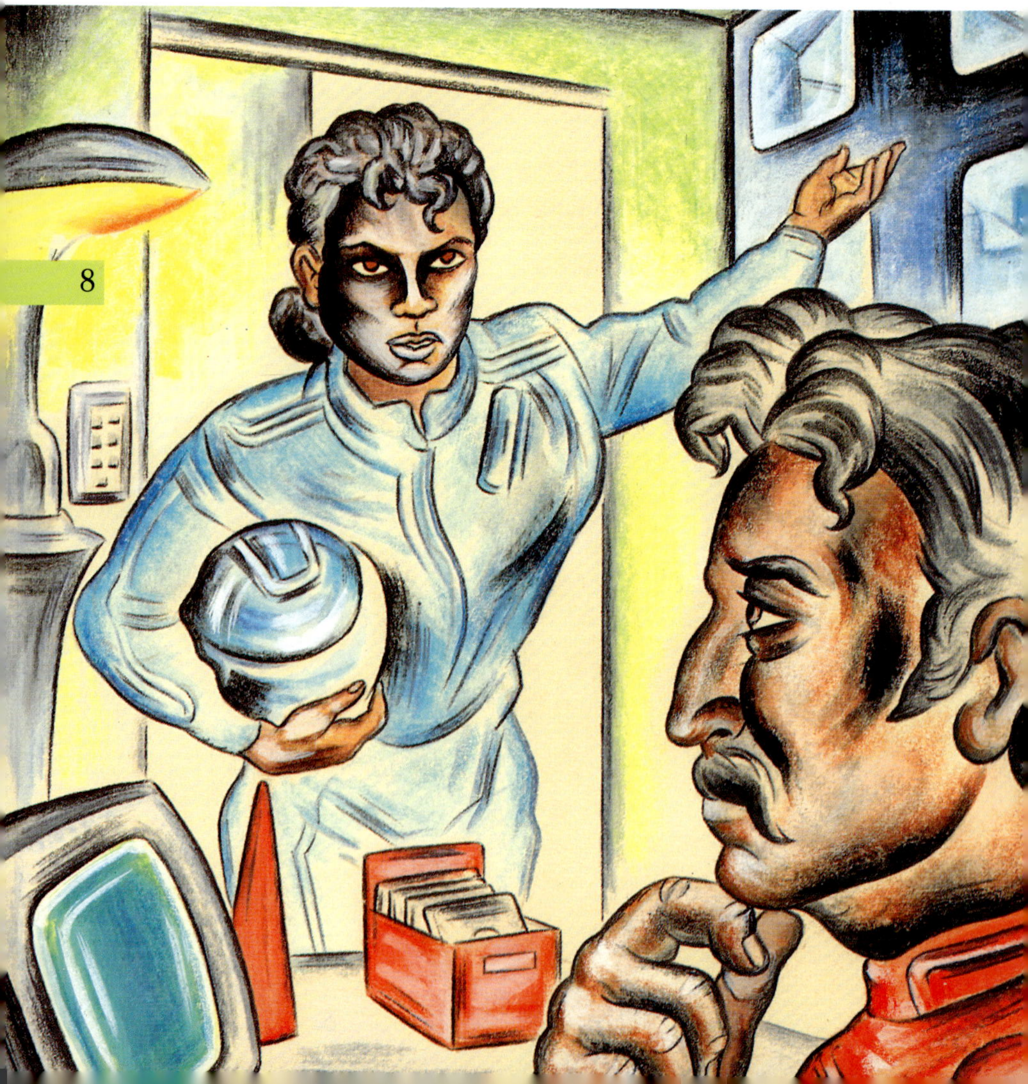

La guerre continue. La mortalité augmente. Le Président de la République visite les zones résidentielles après les bombardements aériens. Sa popularité augmente aussi. C'est un grand homme. Un héros.

Sept mois plus tard Nicole se trouve dans un restaurant avec son nouveau petit ami, Antoine.

Il est programmeur au Ministère de la Défense. Nicole ne peut pas supporter Antoine mais il est amoureux d'elle. Totalement. Cela est important. Il est utile. Ils finissent leur dessert synthétique et Antoine donne une carte à Nicole. Il y a une disquette rouge dedans, une disquette de commande pour un MiG 111.

"Merci, chéri," dit-elle.

"Je t'aime," dit Antoine. C'est l'homme le plus content du monde.

Cinq heures plus tard. La Zone Centrale. Nicole regarde l'écran de son ordinateur de bord.

INTRODUISEZ DISQUETTE DE COMMANDE.

D'une poche elle sort la disquette rouge d'Antoine. Elle la regarde un moment. Calmement elle introduit la disquette dans l'ordinateur ...

Heure: 04h31 48

Altitude: 950 m

Vélocité: 750 km/h

Rayon d'action: 267 km

Objectif: Résidence du Président de la République réf. 0000000001

Les missiles se lancent automatiquement. Trois minutes plus tard elle survole la campagne. Elle s'éjecte dans l'obscurité de la nuit. Le MiG explose cinq secondes plus tard.

"Bon programme, Antoine," pense-t-elle. "Bon programme."

La parachute s'ouvre. Nicole a mal au bras droite. Il est cassé peut-etre. Elle s'en fiche.

Cinq heures du matin. La Résidence du Président de la République. Il fait toujours nuit. Deux hommes en uniforme bleu-marine entrent avec prudence dans les ruines de la salle à manger. Ils portent des lampes de poche. Déstruction totale. Silence. Il y a des corps partout.

"Le Gouvernement entier," dit l'un.

"Vous voyez le Président?" demande l'autre.

"Le voilà. Derrière la table."

Avec difficulté ils s'approchent du Président. Ils regardent son visage. Des fils micro-optiques dépassent du visage. Les yeux s'ouvrent et se referment mécaniquement. Il y a un grand trou à côté de l'oreille gauche. Pas de sang. Seulement des fils.

"Ce n'est pas la peine de réparer," dit l'un des hommes.

"Et les autres?" dit l'autre.

"De la ferraille. Mettez-vous en contact avec la fabrique. On a besoin de remplaçants."

Il commence à faire jour. Nicole est assise sur l'herbe pas loin du siège d'éjection. Elle a toujours mal au bras droit. Son uniforme est déchiré. Elle regarde son bras.

Il n'y a pas de sang. Seulement des fils micro-optiques.

"Mais ça fait mal," pense-t-elle. "Ça fait mal."

Elle a des larmes aux yeux.

Activités

1. Dessine un plan d'une ville de l'an 2056. Indique la Zone Centrale, la Zone Industrielle, les zones résidentielles, les fabriques d'alimentation synthétique, les autoroutes, les hôpitaux etc.

2. Dans le restaurant Antoine donne une carte à Nicole. Il y a une disquette dedans, mais aussi un message. Ecris le message.

3. Invente d'autres titres possibles pour cette histoire. Fais une liste.

4. Vers sept heures du matin quelqu'un arrive et parle avec Nicole. Qui est-ce? Ecris un dialogue.

Vocabulaire

l'alimentation (f)	food
amoureux	in love
atterrir	to land
augmenter	to increase
bleu-marine	navy blue
un cauchemar	a nightmare
comme deux gouttes d'eau	in the most minute-details (like two drops of water)
déchirer	to tear
dégueulasse	disgusting (slang)
dépasser	to stick out
dès	since
l'écran (m)	screen
un être humain	human being
une fabrique	factory
la ferraille	scrap metal
s'en ficher	to not care
un fil	wire
frapper	to knock
une grève	strike
la guerre	war
jamais	never
une larme	tear
meilleur	best
un mensonge	lie
la mortalité	death rate
un ordinateur	computer
la peine	worth the trouble
avec prudence	cautiously
puissant	powerful
résolu	determined
rêver	to dream
le sang	blood
sourire	to smile
supporter	to stand, to bear
survoler	to fly over
un trou	hole
utile	useful
virer	to turn, to veer

Thomas Nelson & Sons Ltd
Nelson House Mayfield Road
Walton-on-Thames Surrey
KT12 5PL UK

Nelson Blackie
Wester Cleddens Road
Bishopbriggs
G64 2NZ UK

Thomas Nelson Australia
102 Dodds Street
South Melbourne
Victoria 3205 Australia

Nelson Canada
1120 Birchmont Road
Scarborough Ontario
M1K 5G4 Canada

First published by
Thomas Nelson and Sons Ltd 1995

I(T)P Thomas Nelson is an
International Thomson Publishing Company
I(T)P is used under licence

ISBN 0-17-439995-2
NPN 9 8 7 6 5 4 3 2 1

Printed in Hong Kong

Illustrated by Mike Nicholson